LES CHINOIS,

COMÉDIE

EN UN ACTE, EN VERS,

MESLÉE D'ARIETTES;

PARODIE DEL CINESE:

Représentée pour la premiere fois par les Comédiens Italiens Ordinaires du Roi, le 18 Mars 1756.

NOUVELLE EDITION.

Le prix est de 24 sols sans Musique.
Les Ariettes se vendent 2 l. 8 s.

A PARIS,
Chez N. B. DUCHESNE, Libraire, rue S. Jacques
au-dessous de la Fontaine S. Benoît,
au Temple du Goût.

M. DCC. LIX.
Avec Approbation & Privilége du Roi.

ACTEURS.

XIAO, *Mandarin de la Premiere Classe, Pere d'Agésie.* } M. Rochard.

AGÉSIE. Mlle. Catinon.

TAMTAM, *Amant d'Agésie* } Mde. Favart.

CHIMCA, *Esclave, suivante d'Agésie.* } Mlle. Desglands.

Un Intendant de Xiao, *Personnage muet.* } M. Duclos.

Plusieurs Esclaves de Xiao.

La Scene se passe au Palais de Xiao, dans l'Appartement des Femmes.

LES CHINOIS,
COMÉDIE
EN UN ACTE, EN VERS.

Le Théâtre représente un Appartement décoré & meublé à la Chinoise; on voit dans le fond du Théâtre l'horison à travers une jalousie brisée.

SCENE PREMIERE.

XIAO, & à quelque distance son Intendant & plusieurs Esclaves qui attendent ses ordres.

XIAO, *à son Intendant.*

ARIETTE: *du Traccolo, questo foglio, &c.*
Notée, N°. 1.

Qu'une Fête
Pour ce soir se trouve prête ;

LES CHINOIS,

Il faudra que tu commandes
Des parfums & des guirlandes,
Habits de cérémonie,
Artifice & simphonie,
Bal, festin & mascarade.
Si tu crains la bastonnade, (bis.)
Réponds vite à mon espoir ;
Qui t'arrête ? Sois donc habile ;
   Car ma bile (bis.)
Contre toi va s'émouvoir.
Quoi ? j'aurois dû prévoir ?
Oh ! c'est à toi de voir ;
 Fais ton devoir.
  Qu'une Fête
  Se trouve prête :
Que l'on pare ces Esclaves.
Soyez tous lestes & braves ;
Bal, festin & mascarade.
Si tu crains la bastonnade,
 * La houpade,
Que tout soit prêt pour ce soir ;
 Sans réplique,
  Que l'on s'aplique,
 Sans réplique,
A répondre à mon espoir.
Si tu crains la bastonnade,
  La houpade, (bis.)

* *Supplice dont on punit les Esclaves à la Chine.*

COMÉDIE.

Qui t'arrête ?
Oui la Fête,
Sans remise est pour ce soir ;
Oui, oui, c'est pour ce soir.   (bis.)
Fais ton devoir.

Tout ce que tu dirois seroit fort inutile.
Ne t'excuse pas sur le tems.
Apprends, ô le plus sot de tous les Intendans,
Qu'avec l'argent on trouve tout facile ;
L'argent commande au tems, aux élémens,
Et vient à bout de tout. Ouvre mes coffres, prends.
Ce soir je donne un Epoux à ma fille ;
N'épargne rien, s'il le faut, vole, pille ;
Mais qu'on me serve. Un homme tel que moi
Ne connoît point d'obstacle : il faut que le goût brille
Dans tout ce que j'ordonne, ou je m'en prends à toi :
Sors. Quand j'ai dit un mot, ce mot est une loi.

(*L'Intendant se retire avec les Esclaves.*)

SCENE II.
XIAO, seul.
ARIETTE, *du Chinois: gia colmo di piacer;*
Notée N°. 2.

JE vais, grace à ma Fille,
Accroître ma famille;
Un tas d'enfans fourmille:
Ah ! je les vois déjà.
Tandis que l'un sautille,
L'autre à l'envi babille;
J'aurai de la famille,
Elle sera gentille,
Et me ressemblera.   (3 *fois.*)
Je suis, grace à ma Fille,
Grand-Pere de famille;
Un tas d'enfans fourmille,
Autour de moi sautille,
En m'appellant Papa.
Je ne me sens pas d'aise,   ⎱
L'un grimpe sur ma chaise, ⎰ (*bis.*)
En m'apellant Papa,
   Et me baise.
L'un grimpe sur ma chaise,
L'autre joüe au dada,

COMÉDIE.

En m'appellant Papa. (*bis.*)
Paix-là. Taisez-vous, paix-là,
Paix-là, vous dis-je.
Encor ! Ce bruit m'afflige,
Il faut que je corrige....
  (*Contrefaisant la voix d'un Enfant.*)
Ah ! ah ! pardon, pardon, pardon, mon
  grand-Papa :
Je ne le ferai plus, non, non.
  (*De sa voix naturelle.*)
  Levez-vous donc.
Je vais &c. (*da capo.*)

SCENE III.
XIAO, AGÉSIE, CHIMCA.

XIAO.

Approche, ma chere Agésie ;
Il est tems que je te marie,
Et ce sera dès aujourd'hui.

AGÉSIE.
Dès aujourd'hui, mon Pere.

XIAO.
                    Eh ! oui.
Cela te fâche ?

LES CHINOIS,

AGÉSIE.

Oh! point du tout, mon Pere;
Mais, le sort qui m'attend, sera-t-il aussi doux
Que le bonheur de rester avec vous?

XIAO.

Ma fille, tu n'es pas sincere.

AGÉSIE.

Cet Epoux sçaura-t-il me plaire?

CHIMCA.

Bon! bon! c'est toujours un Epoux.

XIAO.

Chimca pense très-bien, très-juste : ici l'usage
Est de se marier au gré de ses parens;
C'est une coûtume fort sage.

CHIMCA.

Pas toujours.

XIAO.

Taisez-vous, esprit à contre sens.
Elle est fort sage, & surtout pour les Grands.
L'art de se maintenir, est notre étude unique,
Et nous regardons nos enfans
Comme des instrumens de bonne politique,
Qui doivent cimenter la fortune & les rangs.
Voilà le seul point nécessaire.

COMÉDIE.

En t'annonçant l'Epoux je termine l'affaire:
Ma volonté suffit.

AGÉSIE.

Mon Pere je me rends:
Mon goût doit se soumettre au vôtre ;
Mais comment est-il fait cet Epoux ?

XIAO.

Comme un autre ;
Je n'ai pas pû le voir encor.
Depuis cinq ou six ans, après un long essor,
Il revient d'un très-grand voyage ;
Mais c'est ton fait : son Pere a du crédit,
de l'or :
De plus, c'est l'Empereur qui fait ce mariage.
J'y trouve encore un avantage :
Ton Epoux est le fils du plus grand ennemi
Qu'ait jamais eu notre famille.

AGÉSIE.

Vous me faites frémir.

XIAO.

Ainsi,
Leur intérêt au mien se trouve uni :
A d'autres nous nuirons en commun. Toi,
ma fille,
Sur les mesures que je prends,
Dépêche-toi d'avoir beaucoup d'enfans :
Eternise mon sang par ta progéniture.

LES CHINOIS,

AGÉSIE.

Je n'épargnerai rien, mon Pere, je vous jure,
Pour rendre vos desirs contens.

XIAO.

Mais, c'est trop m'arrêter ; je vais trouver mon Gendre,
Et pour t'unir à lui, je reviendrai te prendre.

ARIETTE; Notée. N°. 3.

Ma Fille, ma chere Fille,
Pour l'honneur de la famille,
Sois toujours d'humeur gentille :
  Sans cesse,
  Avec tendresse,
  Caresse ton Epoux.
  Avec tendresse,
  Avec adresse,
  Caresse ton Epoux. (*bis.*)
  Sans cesse, &c.
Et, pour te rendre maîtresse,
Prends un air simple & doux.
  Si l'amour sommeille,
  Fais qu'il se réveille,
  Ranime l'entretien,
Et tu t'en trouveras bien ;
Oui, tu t'en trouveras bien.

SCENE IV.

AGÉSIE, CHIMCA.

CHIMCA.

Vous devez être bien charmée.

AGÉSIE

L'Hymen me flatte, & je suis allarmée.

CHIMCA.

Comment ! pourquoi vous effrayer ?

AGÉSIE.

Si l'on va me sacrifier.

CHIMCA.

Ah ! N'est pas qui veut la victime.

AGÉSIE

Mais, si l'Epoux est mal fait, Cacochime.
J'éprouve en même-tems la crainte & le desir.
Dès l'enfance, au Sérail, quoique de près
    gardées,
Sur les hommes toûjours il nous vient des
    idées
Que l'instinct tâche d'éclaircir.
Encor si cet Epoux que je n'ai pû choisir...
Ressembloit......

LES CHINOIS;

CHIMCA.

Ressembloit?

AGÉSIE.

Par l'âge, la figure....
Mais, n'en parle à personne.

CHIMCA.

Oh! non, soyez-en sûre.
Ai-je jamais rien dit de nos petits secrets?

AGÉSIE.

Hé! bien, tu sçauras donc.....

CHIMCA.

Après.

AGÉSIE.

Hé! bien : la semaine derniere,
J'étois seule en ce pavillon ;
De ce côté, sur la Riviere,
J'entends jouer un carillon.
De voir d'où le bruit part, il me prend
   fantaisie ;
J'approche de la jalousie,
Lorsqu'un coup de vent imprévû
L'abbat. Je vois.... je vois....

CHIMCA

Hé ! bien, qu'avez-vous vu?

COMÉDIE.
AGÉSIE.

Un jeune homme charmant étoit dans une barque ;
Il la fait arrêter, si-tôt qu'il me remarque ;
Il reste d'abord interdit,
Mais, un instant ; car il est plein d'esprit.

CHIMCA.

Il vous a donc parlé ?

AGÉSIE.

Non, il ne m'a rien dit ;
Mais pour homme d'esprit j'ai pû le reconnoître,
Aux différens transports qu'en lui je faisois naître.

CHIMCA.

Ah ! vraiment, sans doute ; il suffit
Qu'il vous trouve charmante, & tout cela doit être.

AGÉSIE

De Chinois quoiqu'il ait l'habit,
Il n'en a point le maintien flegmatique ;
Et certain air qui prévient & qui pique....

CHIMCA.

En un mot, il vous plaît, voyons ce qui s'ensuit.

LES CHINOIS,

AGÉSIE.

Oh!.... rien.

CHIMCA.

Rien ?

AGÉSIE.

Non, j'ai vû venir mon Pere ;
Je me suis retirée.

CHIMCA.

Oh! cela défespere.

AGÉSIE.

Paix, taisons-nous. J'entends du bruit.

CHIMCA.

Comment comment, par la fenêtre
Un homme....

AGÉSIE

C'est lui-même! Il ose ici paroître,

COMÉDIE.

SCENE V.

AGÉSIE, CHIMCA TAMTAM.

CHIMCA.

ARIETTE : *Il m'a démis l'aluette* ; Notée N°. 4.

ICi que venez vous faire ?
Ah ! quelle audace est-ce là !

AGÉSIE.

Hélas ! mon Pere le saura.

TAMTAM.

Ne craignez rien, ma chere.

AGÉSIE.

Sortez, sortez.

CHIMCA.

Vous excitez sa colere,
Téméraire.

AGÉSIE.

Il rend tous mes sens agités.
A Tamtam.
Sortez, sortez.

TAMTAM.

Mais du moins écoutez....

AGÉSIE.

Téméraire.

LES CHINOIS;

TAMTAM.

Quoi ! mon ardeur sincere
Peut-elle vous déplaire ?   (bis.)

AGÉSIE.

Quel étrange embarras !
Ah ! ah ! fuyons, mais je n'ai pas
La... la force de faire un pas.

CHIMCA.

Ici que venez vous faire ?
Ah !
Quelle audace est-ce là !

TAMTAM, à Agésie.

Aurai-je pû vous déplaire ?
C'est une ardeur sincere....

AGÉSIE.

Ah ! comme le cœur.... me bat....

CHIMCA.

Voulez-vous que j'appelle ?

AGÉSIE.

Oui.... Mais ne fais point d'éclat.

TAMTAM

Vous êtes bien cruelle.

AGÉSIE.

Sortez, sortez.

CHIMCA.

Sortez, sortez.

AGESIE.

COMÉDIE.

AGÉSIE.
Je vais tomber en foibleffe.

TAMTAM.
Oh! Ciel!

CHIMCA, à Tamtam.
Quoi! toujours vous reftez!
(*A Agéfie.*) Ma Maîtreffe, ma Maîtreffe!
Dieux!

TAMTAM.
Hé! bien, je vous laiffe.
Oui, oui, raffure-la.

AGÉSIE.
Ah! eft-il bien vrai qu'il s'en va? (*bis.*)

CHIMCA.
Eh! oui, vraiment, il fe retire.

AGÉSIE.
Qu'il écoute un moment.

CHIMCA.
Ecoutez.

TAMTAM, *revenant.*
Me voilà.

AGÉSIE.
Je vous appelle pour vous dire
De fortir au plus vîte.

B

TAMTAM.

Ah! j'étois loin déjà,
Vous ferez obéïe. *Il s'éloigne.*

AGÉSIE.

Ecoutez.

CHIMCA.

Venez çà. *Tamtam revient.*

AGÉSIE.

Quand vous êtes entré, vous a-t'on vû?

TAMTAM.

Personne,
J'ai faifi le moment.....

AGÉSIE.

Tant d'audace m'étonne :
Partez de même.... un mot.... mais.. quelqu'un vous verra.

TAMTAM.

Ne craignez rien.

AGÉSIE.

Je crois qu'il est de la prudence
D'attendre au soir.

TAMTAM.

Non, non, je vous offense ;
Et votre Pere le sçaura.

COMÉDIE.

AGÉSIE.

Non, mon Pere est sorti.

TAMTAM.

Qu'elqu'un me surprendra :
Je sens qu'il est de conséquence.....

AGÉSIE.

Nul Esclave ici n'entrera.

TAMTAM.

Mais, si vous tombez en foiblesse.

CHIMCA.

Hé! bien, cela se passera.

TAMTAM.

Tenez, je vois que mon aspect vous blesse.

AGÉSIE.

Eh! non, vous dis-je.

CHIMCA

Enfin nous y voilà.

TAMTAM.

Ah! quel bonheur!

AGÉSIE

Je ne prétends point dire....

CHIMCA.

Voyons où ceci va conduire.

B ij

LES CHINOIS,

TAMTAM.

ARIETTE, du Chinois : *Zerbinotti d'oggidi*;
Notée N°. 5.

Que je baise cette main.
Mais, pourquoi cet air mutin ?
Que vous sert-il d'être belle,
Si vous êtes si cruelle ?
Mais personne ne nous voit.
 Qu'elle est farouche !
  Que je touche
Seulement le bout du doigt.
Mais personne ne nous voit.
Que vous sert-il d'être belle,
 Si vous êtes si cruelle ?
Vous souffrez de vos rigueurs.
  C'est à notre âge
  Que l'on s'engage ;
Le Printems est pour les fleurs,
Et l'Amour est pour nos cœurs ;
  La sagesse
  Pour la Vieillesse ;
  La tendresse
  Pour nos cœurs.

AGÉSIE.

Doucement, doucement.

TAMTAM.

Quelle offense nouvelle !

COMÉDIE.

AGÉSIE.

Vous êtes bien hardi ! Finissez ou j'appelle.
Jusqu'au moment où vous puissiez sortir,
Par pitié pour vos jours, je veux bien vous souffrir ;
Mais à condition ; si de votre tendresse
Vous osez dire un mot, je sçaurai vous punir.

TAMTAM.

Quoi ! mon amour....

AGÉSIE.

N'a rien qui m'intéresse.
Dans un profond respect sçachez vous contenir.

TAMTAM.

Ah ! comment se contraindre en voyant ce qu'on aime !
Un mot peut m'échapper, un mot.

AGÉSIE.

Un mot vous perd.

TAMTAM.

Un soupir, un regard.

AGÉSIE.

De même.

TAMTAM.

Je tâcherai d'obéir.

B iij

LES CHINOIS,

CHIMCA, *bas à Agésie.*

    A quoi sert
De tant dissimuler. Parlons à cœur ouvert.

TAMTAM.

En France, où j'ai fait un voyage,
Le sexe n'est pas si sauvage.

AGÉSIE.

En France, dites vous ?

TAMTAM.

    Que ces climats heureux
Sont différens du pays où nous sommes
Les Femmes à Pekin sont esclaves des Hommes ;
 Mais à Paris elles regnent sur eux.
  Toutes les Belles s'y font gloire
D'enchaîner mille Amans, d'exciter des desirs ;
  L'Amour qui remplit leurs loisirs,
Les conduit chaque jour, de victoire en victoire,
  Dans des tourbillons de plaisirs.

AGÉSIE.

Comment ! en liberté les Hommes & les Femmes....

TAMTAM.

S'entretiennent d'Amour du matin jusqu'au soir.

CHIMCA.

Ah! que c'est un pays que je voudrois bien voir!

TAMTAM.

Ici nous ignorons ce doux plaisir des ames,
L'art de filer l'Amour, l'art d'occuper son Cœur,
Et de préparer le bonheur.

CHIMCA.

Comment fait-on l'Amour à la Françoise?

TAMTAM, *à Agésie*.

Si vous le permettez....

AGÉSIE.

Mais, oui : l'on est bien aise
De sçavoir d'un pays les usages, les mœurs.

TAMTAM.

Pour donner au Tableau de plus vives couleurs,
Il faudroit, ne vous en déplaise,
Me seconder & me prêter du jeu.
Tenez, figurez-vous que vous êtes l'Amante,
Moi, l'Amant.

AGÉSIE.

Soit.

24 LES CHINOIS;
TAMTAM.

Vous, la Suivante
Que je vais engager à protéger mon feu.

CHIMCA.

Voyons cela.

AGÉSIE, *va s'asseoir & prend le thé.*

Oui, oui, voyons un peu.

TAMTAM.

ARIETTE, DU CHINOIS; *Mifta d'incanto:*
Notée, N°. 6.

Avec adresse,
A ta Maitresse,
Avec adresse,
Peins ma tendresse.

CHIMCA.

Qui moi! Seigneur,
J'at trop d'honneur.

TAMTAM.

Eh! quoi! belle Suivante.....

CHIMCA.

Non, non, frivole attente.

TAMTAM.

Fais mon bonheur.

CHIMCA.

Pour vous servir j'ai trop d'honneur.

COMÉDIE.
ENSEMBLE.

TAMTAM. { Daigne servir ma sincere ardeur.
CHIMCA. { Pour vous servir, j'ai trop d'honneur

TAMTAM.

Sois ma ressource,
Prends cette bourse :
Mais, quelle enfance !

CHIMCA.

Mais, prend-on en France ?

TAM,TAM.

Sans résistance.

CHIMCA.

Je prends donc, Seigneur.

TAMTAM.

Oh ! çà, fais voir ton zele ;
Surtout, sois moi fidelle.

CHIMCA.

Qui moi ! Seigneur.
Pour vous trahir j'ai trop d'honneur.

ENSEMBLE.

CHIMCA. { Pour vous trahir j'ai trop d'honneur.
TAMTAM { Daigne servir ma sincere ardeur.

AGÉSIE, à *Chimca*.

Quoi ! vous serrez la bourse ?

CHIMCA.

Est-ce qu'il faut la rendre ?

AGÉSIE.

Ceci n'est point une réalité.

TAMTAM.

L'Amant ne doit point la reprendre,
Cela rend mieux la vérité.
Alors la Soubrette obligeante
Va d'une façon engageante,
A sa Maîtresse apprendre mon Amour.
Allons, partez à votre tour.
Dites-lui bien que d'une ardeur extrême
Je la chéris cent fois plus que moi-même :
Que mon cœur pour toujours s'enchaîne
sous sa loi.
Dites-lui.

CHIMCA.

Fiez-vous à moi.

ARIETTE : *Non son picina* ; Notée, N°. 7.

Sous votre empire,
Quelqu'un soupire,
Et vous aime, vous aime
Plus que lui-même.
Qui voit vos charmes
Vous rend les armes,
Qui voit vos charmes
En perd l'esprit.

TAMTAM.

Bon, bon.

COMÉDIE.

CHIMCA, *à Tamtam*.

Ai-je bien dit ?

TAMTAM.

Oui, oui, c'est fort bien dit.

CHIMCA, *à Agésie*

Sous votre empire,
Quelqu'un soupire,
Et vous aime, vous aime
Plus que lui-même.
Oui, pour vous s'il s'engage:
C'est votre ouvrage.
Vous rendre hommage
Est-ce un outrage ?
C'est un devoir.
Sous votre empire,
Quelqu'un soupire.
Eh ! eh ! daignez le voir.

Ne le condamnez pas du moins sans le connoître.
Il attend son arrêt.

AGÉSIE.

Hé ! bien, il peut paroître.

CHIMCA, *à Tamtam*.

Venez.

TAMTAM.

L'Amant s'approche en s'inclinant bien bas.

Il faut vous prévenir qu'en voyant tant d'appas,
L'Amant de ses transports n'est par souvent le maître.
De ce que je dirai ne vous allarmez pas ;
Car ce n'est entre nous qu'une feinte.

AGÉSIE.

Oh ! sans doute.
Que l'Amant parle, je l'écoute.

TAMTAM, *à Chimea.*

Et vous, tenez-vous à deux pas.

ARIETTE : *M'ha detto la mia mama* ; Notée, N°. 8.

Son cœur d'abord palpite :
Il veut, mais il hésite ;
Il dit des mots sans suite ;
Certain trouble l'agite,
Il a peur de manquer d'égards ;
Et la crainte
Est peinte
Dans ses regards.
Bien-tôt l'Amour l'inspire,
Il vante les attraits :
Quels yeux charmans ! quels traits !

AGÉSIE.

Après

COMÉDIE.
TAMTAM.

L'Amant soupire :
Il l'ose dire ;   } bis.
Et l'aveu ne déplait pas.
Ainsi l'Amour, pas à pas,
Pour engager, tend ses lacs.

AGÉSIE, *avec un peu d'émotion.*

La peinture intéresse.

CHIMCA, *à part.*

Ah ! ma pauvre Maîtresse
Commence à se troubler. [bis.]
Ah ! ma pauvre Maîtresse !
Son cœur se laisse aller,
Se laisse, laisse, laisse,
Se laisse, laisse aller.

TAMTAM.

Le cœur plus fort palpite ;
On veut, mais on hésite ;
On dit des mots sans suite ;
Un nouveau trouble agite ;
L'amour brille dans les regards ;
Et l'audace
Chasse
Les vains égards.
La Belle se retire,
Et paroît se fâcher.

LES CHINOIS,

AGÉSIE.

Eh ! mais !

TAMTAM.

L'amant soupire,
Et son martyre
Commmence à la toucher.
La belle se retire.

AGÉSIE.

Eh ! mais !

TAMTAM.

L'amant soupire, [bis.]
Et saisit un bras.

AGÉSIE, *en soupirant*.

Après.

TAMTAM.

Doucement il le flatte,
Qu'il est rond, blanc & frais !
Ah ! quelle peau délicate !
Que je le baise.

AGÉSIE.

Mais !

TAMTAM.

Quoi !

AGÉSIE, *troublée*.

Quoi !

TAMTAM, *baisant la main d'Agésie*.

Le tendre amant le baise.

COMÉDIE.

AGÉSIE, *plus émue.*

TAMTAM.

Et le rebaise ;
Elle s'appaise, } [bis.]
Et ne se défend pas.

Après.

Ainsi l'Amour, pas à pas,
La fait tomber dans ses lacs.

CHIMCA, *à part.*

Ah ! ma pauvre Maîtresse !
Je la vois se troubler.
Ah ! ma pauvre Maîtresse !
Son cœur se laisse aller,
Son cœur se laisse, laisse, laisse,
Se laisse, laisse aller.

(Apart.) L'amour, je le vois bien, a plus d'une ressource,

(A Agésie.) Maîtresse, si je rends la bourse,
Vous rendrez aussi le baiser.

AGÉSIE *s'appercevant de sa foiblesse.*

Il est vrai que c'est trop oser.

TAMTAM.

Eh ! bien, je vous adore : il n'est plus tems de feindre ;
J'ai trop souffert à me contraindre,
Si j'excite votre courroux,
Que vos surveillans implacables,

Puniffent mon amour ; je me livre à leurs coups :
J'attends la mort à vos genoux.

AGÉSIE, *tendrement.*

On auroit à punir à la fois deux coupables.
Ah ! je le fuis autant que vous.

CHIMCA.

Hélas ! Et moi je ne puis l'être.

TAMTAM, *à Agéfie.*

Vous m'aimez ?

AGÉSIE.

Sans aucun efpoir :
Un Epoux, ou plutôt un maître,
Ce foir doit m'obtenir : quel funefte devoir !

TAMTAM.

Quel eft l'Epoux heureux ?....

AGÉSIE.

Vous fçavez qu'à la Chine
On difpofe de nous, fans nous faire fçavoir
La perfonne qu'on nous deftine.

TAMTAM.

J'ignore auffi qui j'époufe ce foir ;
Mais à l'inftant je viens de recevoir
Le Portrait....

AGESIE

AGÉSIE

Le Portrait?

CHIMCA.

Voyons ; que j'examine.

TAMTAM, *donnant le Portrait.*

Ah ! je n'ai pas daigné le voir.

CHIMCA.

Ah! ma maîtresse, c'est vous-même.

AGÉSIE.

C'est moi !

TAMTAM.

C'est vous !

CHIMCA.

C'est vous.

TAMTAM.

Mon bonheur est extrême.

SCENE VI. & derniere.

AGÉSIE, TAMTAM, CHIMCA, & XIAO

entrant le sabre à la main.

XIAO.

ARIETTE: Notée, N°. 9.

Qu'il tombe, qu'il meure,
Qu'il meure sur l'heure;
Le traitre, l'indigne,
Le traitre, l'indigne;
Qui m'ose offenser.
L'affront est insigne.
Son sang va l'effacer.   [bis.]
  Il brave ma rage.

Tamtam regarde Xiao d'un air content.

  Il comble l'outrage. (bis.)
    Qu'il meure
    Sur l'heure.

Agésie se met devant Tamtam.

O Fille sans ame,
Tu crains pour l'infâme !
Tu partages l'audace;
Partage le danger.
Non, non, non, point de grace;
  Je veux me venger.

COMÉDIE.

AGÉSIE.

Ecoutez-nous.

XIAO.

Non, non : quoi ! lorsque l'hymenée
Doit au jeune Tamtam unir ta destinée,
Et réunir nos maisons pour jamais....

TAMTAM.

Eh ! daignez au moins nous entendre.
Voulez-vous tuer votre gendre ?
C'est moi qui suis Tamtam. La preuve est
dans ces traits.

XIAO.

Oh ! oh !

CHIMCA.

Faites la paix.

XIAO.

Comment avez-vous pû chez moi vous introduire ?

TAMTAM

De tout plus à loisir nous sçaurons vous instruire,
Accordez-moi mon pardon.

XIAO.

De bon cœur ;
Mais sortez en secret. Si quelqu'un par malheur
Apprenoit que mon gendre, avant le mariage,

C ij

À ma Fille ait parlé, victime de l'usage,
Je serois, malgré moi, contraint de vous
　　punir;
La mode en tous climats est le tyran du sage.
Allez vous préparer, & je vais vous unir.

QUATUOR:

Noté, N°. 10.

[ENSEMBLE.]

XIAO & CHIMCA.	TAMTAM & AGÉSIE.
Leur sort m'enchante.	Mon sort m'enchante.
Que chacun chante,	A mon attente
La, la, la, la, la;	Tout répondra.
Que l'on embrasse le cher Papa.	Je vous rends grace, mon cher Papa.

XIAO, *à Agésie.*

Sois complaisante,
Sois amusante.

[TOUS.]

XIAO.　　⎧ A mon
　　　　　⎨　　　　attente
Les 3 autres. ⎩ A votre

Tout répondra.

XIAO, *à Tamtam.*

Et toi mon gendre,
Sois toujours tendre.

COMÉDIE.

TAMTAM.

Bientôt j'espere
Vous voir grand pere.

[ENSEMBLE.]

XIAO & CHIMÇA.	TAMTAM & AGÉSIE.
A { Mon attente / Votre	Mon sort m'enchante, Mon cher Papa.

Tout répondra.

XIAO, à *Tamtam*.

Mon Fils, sois sage,
Fais bon ménage.

TAMTAM.

Son avantage
Me conduira.

XIAO.

Ah! je me pâme.

TAMTAM, à *Agésie*.

Ma chere Femme,
Jamais ma flamme
Ne s'éteindra.

[ENSEMBLE.]

XIAO & CHIMCA.	TAMTAM & AGÉSIE.
Que l'on embrasse le cher Papa.	Je vous rend grace, mon cher Papa.

CÉRÉMONIE DU MARIAGE.

XIAO, CHŒUR.

XIAO.

O *Tien* ! à leurs vœux sois propice,
Que ta main les unisse.
Goûtez, heureux Epoux,
Le bonheur le plus doux :
Que vos nobles travaux
Enfantent des Héros.

CHŒUR.

* O XIN, XIN, KANIN, XIN,
XIN. Nite. fo.

XIAO.

O *Tien* ! fais naître pour leur bien des fils
En tout point accomplis.

CHŒUR.
O

XIAO.
Et des filles....

---

* *Nom des Divinités de la Chine que l'on invoque pour le mariage.*

COMÉDIE.

CHŒUR.

O

XIAO.

Bien gentilles....

CHŒUR.

O

XIAO.

Dont les yeux soient longs,
Les pieds mignons.

CHŒUR.

XIN, XIN, KANIN, XIN,

XIN. Nite so.

FIN.

---

*L'Approbation & le Privilége se trouvent
aux Œuvres de l'Auteur.*

CATALOGUE DE MUSIQUES
nouvelles relatives aux Pieces de Théâtres, & autres.

L'Amusement des Dames, ou Recueil de Menuets, Contre-Danses, Vaudevilles, Rondes de table, 10 parties, 1 vol. in-8°.	12 l.
La Toilette de Vénus dressée par l'Amour, contenant des Menuets, Contre-Danses, Vaudevilles, 10 parties, 1 vol. in-8°.	12 l.
Le Passe-tems agréable & divertissant, Vaudevilles, Rondes de Table, Duo, Brunettes & autre, 10 parties, 1 vol. in-8°.	12 l.
Les Desserts des petits Soupers de Madame de... 10 parties 1 vol. in-8°.	12 l.
L'Année Musicale, contenant un Recueil de jolis airs, Parodies, en 20 parties, formant 2 vol. in-8°.	24 l.
Les Thémiréides, ou Recueil d'airs à Thémire, 3 parties, par M. l'Abbé de l'Attaignant.	3 l. 12 s.
Amusemens Champêtres, ou les aventures de Cythere, Chansons nouvelles à danser, 2 parties.	2 l. 8 s.
Recueils d'Airs & Menuets, Contre-Danses, Parodies, chantés sur les Théâtres de l'Académie Royale de Musique, & de l'Opera Comique, 17 parties, chaque partie se vend séparément,	1 l. 4 s.
Recueils des Menuets, Contre-Danses & Vaudevilles chantés aux Comédies Françoise & Italienne, 13 parties.	15 l. 12 s.
Le Troc, Parodie des Troqueurs, avec toute la Musique.	3 l. 12 s.
Airs choisis des Troqueurs.	1 l. 4 s.
Ariettes du Medecin d'Amour.	2 l. 8 s.
La Musique de la Pipée.	1 l. 10 s.
Ariettes de l'heureux déguisement.	2 l. 8 s.
Ariettes de la Bohemienne de la Coméd. Ital. 2 parties.	3 l. 12 s.
Airs choisis de la Bohemienne de l'Opéra Comique.	1 l. 4 s.
Ariettes du Chinois.	2 l. 8 s.
Vaudevilles & Ariettes des Indes dansantes.	1 l. 4 s.
Vaudevilles & Ariettes de Raton & Rosette.	1 l. 10 s.
Musique de l'Yvrogne corrigé.	1 l. 4 s.
Vaudevilles d'Omphale, & de Bastien & Bastienne.	1 l. 4 s.
Ariettes de Ninette à la Cour, 4 parties.	6 l. 18 s.
Ariettes de Blaise le Savetier.	1 l. 4 s.
Musique de la soirée des Boulevards.	1 l. 4 s.
Menuets nouveaux en Concerto, Contre-Danses, 4 parties.	4 l. 16 s.
Les Loix de l'Amour, ou Recueil de différents Airs, 3 parties.	3 l. 12 s.
Cantatille nouvelle des Talens à la mode, de M. de Boissi.	1 l. 4 s.
Choix de différents morceaux de Musique, 2 parties.	2 l. 8 s.

Le volume se vend 12 livres, & le cahier 24 sols; le tout séparément.

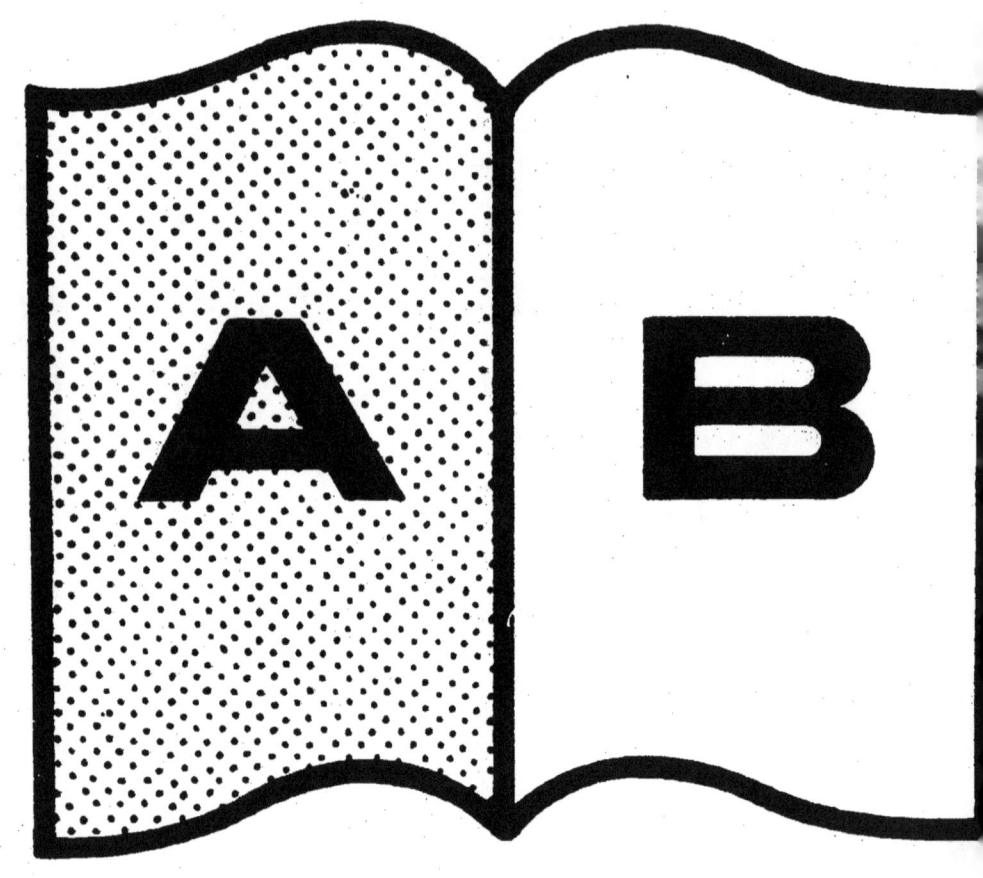

Contraste insuffisant

NF Z 43-120-14